Estructuras De Datos

y Algoritmos

Una Introducción Sencilla

Tabla de Contenidos

CAPÍTULO 1...4

INTRODUCCIÓN A C++.....................................4
TIPOS DE DATOS DE C++ 10
FLUJO DE CONTROL 28
OVERLOADING E INLINING 36
CLASES..39
CONTROL DE ACCESO 40
CONSTRUCTORES Y DESTRUCTORES 41
PREGUNTAS...51

CAPÍTULO 2...53
INTRODUCCIÓN AL DISEÑO ORIENTADO A
OBJETO 53
PREGUNTAS... 67

CAPÍTULO 3 69
DESARROLLANDO PROGRAMAS DE
COMPUTADORA EFICIENTES.............................69
TABLA DE HASH 89
PREGUNTAS...97

Capítulo 1

Introducción a C++

Lo básico de la Programación C++

I Si quieres construir estructuras de datos y algoritmos, deberías entender que esto requiere comunicar instrucciones a una computadora. Una forma excelente de ejecutar tal comunicación es usar un lenguaje de computadora de alto nivel, como C++.

C++ evolucionó del lenguaje de programación C, y ha sufrido, a lo largo del tiempo, un mayor desarrollo y evolución desde su punto inicial original. En C++, encontrarás más características que no están disponibles en el lenguaje C, tales como constantes, sustitución de funciones in-line, tipos de referencias, polimorfismo paramétrico por medio de templates, y excepciones. Como resultado, C++ ha crecido para volverse un lenguaje de programación complejo. Adicionalmente, no necesitas saber cada detalle del lenguaje C++ para usarlo tan eficientemente como sea posible.

En esta sección, iremos por un tour rápido de C++ y sus características. Sin embargo, sería imposible brindar una presentación completa del lenguaje, debido a limitaciones de espacio. Como lector, deberías tener un buen conocimiento de la programación, incluso si es de algún otro lenguaje como C# o Python, puesto que no brindamos descripciones detalladas. En esta parte del libro, pasarás por lo básico del lenguaje, y también tendrás vistazo más cercano a las características del lenguaje C++. Luego, nos enfocaremos en conceptos de programación orientada a objetos.

El lenguaje de programación c es un lenguaje bastante flexible, basado en C; podemos llaamarlo "C con características orientadas a objeto" o "C con clases." Por ende, con excepciones menores, C++ es un superconjunto del lenguaje de programación C. C++ comparte la habilidad de C para tratar eficientemente con hardware al nivel de bits, bytes, palabras, direcciones, etc. De hecho, este lenguaje añade muchas características adicionales sobre C (por ende se llama C++), siendo la principal mejora el concepto orientado a objeto de una *clase.*

Una clase es un tipo definido por el usuario que encapsula muchos mecanismo importantes tales como inicialización garantizada, conversión de tipo implícita, control de administración de memoria, sobrecarga de operador, y polimorfismo (todos los cuales son temas importantes que serán discutidos más adelante en este libro). Una clase también tiene la habilidad de esconder sus propios datos subyacentes.

Esto permite a una clase enmascarar sus detalles de implementación, y hacer fácil para el usuario imaginar el concepto de clase como una interferencia.

La salida de estos programas son muy fáciles de entender y, para lidiar con el mantenimiento del programa, algo llamado "una interpretación de código de máquina de este programa" es creado. **Otro programa**, otro concepto, el enlace (el cual es típicamente invocado automáticamente por el compilador), incluye cualquier función de código de biblioteca necesaria y produce el archivo ejecutable final. Para correr nuestro programa, el usuario solicita que el sistema ejecute este archivo.

Para ilustrar algunos elementos básicos del lenguaje, consideraremos un programa bastante simple. No te preocupes si algunos de los elementos en este ejemplo no son completamente explicados.

Los discutiremos en mayor detalle más adelante en este capítulo. Este programa introduce dos enteros, que se guardan en las variables x e y. luego calcula la suma, guarda el resultado en una variable suma, y finalmente, produce como salida esta suma.

(La línea de números no son parte del programa; sólo están aquí como referencia.)

```
1 #include <cstdlib>
2 #include <iostream>
3 /* This program inputs two numbers, x and y, and outputs
their sum, */
4 int main( ) {
5 int x, y;
```

```
6 std::cout << "Please enter two numbers: ";
7 std::cin >> x >> y; // input x and y
8 int sum = x + y; // compute their sum
9 std::cout << "Their sum is " << sum << std::endl;
10 return EXIT SUCCESS; // terminate successfully
11 }
```

Unas pocas cosas acerca de este programa C++ deberían ser francamente obvias. Primero, los comentarios se indican con dos barras diagonales. Cada uno de tales comentarios se extiende hasta el final de la línea. Los bloques de comentarios más largos están en cerrados entre y. los bloques de comentarios pueden extenderse sobre múltiples líneas. Las cantidades manipuladas por este programa son almacenadas en tres variables enteras, x, y y sum. Los operadores y se usan para entrada y salida, respectivamente.

Elementos del Programa

Consideremos los elementos del programa anterior en mayor detalle. Las líneas 1 y 2 initroducen los dos archivos de cabecera, "cstdlib" y "iostream". Los archivos de cabecera *(header files)* se usan para brindar información especial y definiciones, las cuales son útiles para el programa. El primero brinda definiciones de sistema estándar, y el segundo brinda las definiciones necesitadas para entrada y salida. El punto de entrada inicial para los programas C++ es la función main. La sentencia 2int main ()" en la línea 4 declara "main" como una función **que no toma argumentos y regresa un resultado entero**. (En general, la función main puede ser referida por argumentos de la líena de comando, pero no hablaremos acerca de ello.)

El **cuerpo de la función** es dado dentro de llaves, que empiezan en la línea 4 y terminan en la línea 11. El programa termina cuando la sentencia de retorno en la línea 10 es ejecutada. Por convención, la función main regresa al valor cero para indicar éxito, y regresa un valor distinto de cero para indicar que falló. Incluyen el archivo cstdlib, que define que la constante EXIT SUCCESS sea 0. Por ende, la sentencia de regreso en la línea 10 regresa 0, indicando una terminación exitosa.

La sentencia en la línea 6 imprime una cadena de caracteres usando el operador salida la sentencia en la línea 7 introduce los valores de las variables x e y usando el operador entrada.

Estos valores de variables podrían ser suministrados, por ejemplo, por la persona que corre el programa. El nombre std::cout indica que la salida será enviada al ***flujo de salida estándar.***

Hay otros dos flujos I/O importantes en C++: entrada estándar es dónde la entrada es leída típicamente, y ***error estándar*** es dónde se escribe la salida de error. Estos se denotan como std::cin y std::cerr, respectivamente. El prefijo "std::" indica que estos objetos vienen de la biblioteca estándar del sistema. Deberíamos usar el prefijo cuando nos estemos refiriendo a objetos de la ***biblioteca estándar.***

Sin embargo, es posible informar al compilador que deseamos usar objetos desde la biblioteca estándar.

Tipos de Datos de C++

Encontrarás los siguientes tipos de datos en el lenguaje de programación C++.

Bool: Valor Booleano, ya sea verdadero o falso

Char: carácter

Short: entero corto

Int: entero

Long: entero largo

Float: número de punto flotante de precisión única

Double: número de punto flotante de precisión doble

También hay una enumeración, o enum, tipo para representar un conjunto de valores discretos. Juntos, las enumeraciones y tipos bool, char, e int son llamados tipos integrales. Finalmente, hay un tipo especial, void (vacío), que indica explícitamente la ausencia de cualquier tipo de información. Vamos a discutir cada uno de estos tipos en mayor detalle.

Characters

Una variable char guarda un solo carácter. Un char en C++ es típicamente de 8-bits, pero el número exacto de bits usado para una variable char depende de la implementación específica en cuestión. Al permitir diferentes implementaciones para definir el significado de los tipos básicos, como char, C++ puede unir su código generado a cada arquitectura de la máquina y, al hacerlo, lograr la máxima eficiencia.

Sin embargo, esta flexibilidad puede ser una fuente de frustración para los programadores que quieren escribir programas independientes de la máquina.

Un literal es un valor constante que aparece en un programa. Los caracteres literales están encerrados por comillas simples, como en 'a', 'Q', y'+'. Una diagonal invertida o backslash (\ ) se usa para

especificar un número de caracteres literales especiales como se muestra a continuación.

'\n' newline

'\t' tab

'\b' backspace

'\0' null

'\'' single quote

'\"' double quote

'\\' backslash

El carácter nulo, '\0', se usa a veces para indicar el final de una cadena de caracteres. Todo carácter está asociado con un código entero. La función int(ch)

regresa el valor entero asociado con una variable, ch.

Enteros

Una variable int guarda un entero. Los enteros vienen en tres tamaños: short int, (plano), int, y long int.

Los términos "short" y "long" son sinónimos para "short int" y "long int" respectivamente.

Los números decimales tales como 0, 25, 98765, y -3, son del tipo int.

El sufijo "l" o "L" puede añadirse para indicar un entero largo, como en 123456789L.

Las constantes octales (base 8) son especificadas al prefijar el número con el dígito cero, y las constantes hexadecimales (base 16) pueden especificarse al prefijar el número con "0x". por ejemplo, los literales 256, 0400 y 0x100 todos representan el valor entero 256 (en decimal).

Cuando se declara una variable, tenemos la opción de brindar una definición, o valor inicial. Si no se da ninguna definición, el valor inicial es impredecible, entonces toda variable debería tener un valor asignado a ella antes de que pueda ser usada.

Los nombres de variables pueden consistir de cualquier combinación de letras, dígitos, o del carácter de guion bajo (_) , pero el primer carácter puede ser un dígito. Aquí hay algunos ejemplos de declaraciones de variables integrals.

```
short n; // n's value is undefined

int octalNumber = 0400;

// 400 (base 8) = 256 (base 10)

char newline character = '\n';

long BIGnumber = 314159265L;

short aSTRANGE 1234 variABlE NaMe;
```

A pesar de que puedes empezar el nombre de una variable con un guion bajo, es mejor evitar hacerlo, puesto que algunos compiladores de C++ usan esta convención para definir sus propios identificadores internos.

C++ no especifica el número exacto de bits en cada tipo, pero uno corto es de al menos 16 bits de largo, y uno largo es de al menos 32 bits. De hecho, encontrarás que un requerimiento de ese largo no tiene que ser estrictamente más largo que el corto. Dado un tipo, TO, la expresión size of(T) regresa el tamaño del tipo T, expresado en alguna **cantidad** de múltiplos del tamaño de un carácter. Por ejemplo, en sistemas típicos, un char es de 8 bits de largo, y un int es de 32 bots de largo. Por ende, sizeof(int) es 4.

Enumeraciones

Una enumeración es un tipo definido por el usuario que puede guardar cualquier valor de un conjunto de valores discretos.

Una vez definidas, las enumeraciones se comportan al igual que un tipo de entero. Un uso común para las enumeraciones es brindar nombres significativos a un conjunto de valores relacionados. Cada elemento de una enumeración está asociado con un valor entero. Por defecto, estos valores se cuentan desde 0 hacia adelante, pero es posible definir valores constantes explícitos como se muestra a continuación.

```
enum Day { SUN, MON, TUE, WED, THU, FRI, SAT };

enum Mood { HAPPY = 3, SAD = 1, ANXIOUS = 4,
SLEEPY = 2 };

Day today = THU; // today may be any of MON... SAT

Mood myMood = SLEEPY; // myMood may be HAPPY,...,
SLEEPY
```

Puesto que no especificamos los valores, SUN estaría asociado con 0, MON con 1, y así sucesivamente. Como puedes ver, tienes que escribir los nombres de la enumeración y también las constantes con letras mayúsculas.

Basic C++ Programming Elements

Floating Point

A e float type variable holds a single-precision floating-point number, and a double type variable holds a double-precision floating-point number.C++ leaves the exact number of bits in each of the floating point types undefined, as it does with integers. By default, floating point literals, such as 3.14159 and -1234.567, are double type

f. Two types of notation are possible: e or E.

Apuntadores

Cada variable del programa es almacenada en la memoria de la computadora en una ubicación o dirección dada. Un apuntador es una variable que guarda el valor de tal dirección. Dado un tipo T, el tipo T* denota un apuntador de una variable de tipo T. por ejemplo, int* denota un apuntador a un entero.

Dos operadores esenciales se usan para manejar los apuntadores. El primero regresa la dirección de un objeto en la memoria, y el segundo regresa el contenido de una dirección dada. En C++ la primera tarea se lleva a cabo por el operador address-of (dirección de), &. Por ejemplo si x es una variable entera en tu programa, &x es la dirección de x en la memoria.

Acceder al valor de un objeto desde su dirección se conoce como "desreferenciar". Esto se logra usando el operador *. Por ejemplo, si quisiéramos declarar que q sea un apuntador a un entero (es decir, int*) y fijar q=&x, podríamos acceder el valor de x con *q.

Asignar un valor entero a *q efectivamente cambia el valor de x.

Considera por ejemplo el código del siguiente fragmento. La variable p es declarada como un apuntador a un char, y es inicializada para apuntar a la variable ch. por ende, *p es otra forma de referirse a ch. Puedes observar que, cuando el valor de ch cambia, el valor de *p cambia también.


```
char ch = 'Q';

char* p = &ch; // p holds the address of ch

cout << *p; // outputs the character 'Q'

ch = 'Z'; // ch now holds 'Z'

cout << *p; // outputs the character 'Z'

*p = 'X'; // ch now holds 'X'
```

cout << ch; // outputs the character 'X'

Matrices

Una matriz es una colección de elementos del mismo tipo. Dado un tipo T y una constante N, una variable de tipo Tn guarda una matriz de N elementos, cada uno de ellos de tipo T.

Cada elemento de la matriz es referenciado por su índice – es decir, un número de 0 hasta N-1. Las siguientes sentencias declaran dos matrices; una guarda tres dobles, y la otra guarda 10 apuntadores dobles.

double f[5]; // array of 5 doubles: f[0],..., f[4]

int m[10]; // array of 10 ints: m[0],..., m[9]

f[4] = 2.5;

m[2] = 4;

cout << f[m[2]]; // outputs f[4], which is 2.5

Constantes y Typedef

A los programadores les gusta asociar nombres con cantidades constantes.

Al añadir la palabra clave "const" a una declaración, podemos indicar que el valor del objeto asociado no puede ser cambiado. Las constantes pueden ser usadas virtualmente en cualquier lugar en el que los literales puedan: por ejemplo, en una declaración de arreglo. Para mejorar el entendimiento, usaremos letras mayúsculas para nombrar constantes.

```
const double PI = 3.14159265;

const int CUT OFF[ ] = {90, 80, 70, 60};

const int N DAYS = 7;

const int N HOURS = 24*N DAYS; // using a constant expression

int counter[N HOURS]; // an array of 168 ints
```

Alcances Locales y Globales

Cuando un grupo de sentencia s C++ están encerradas entre llaves ({...}),definen un bloque. Las variables y tipos que son declarados dentro de un bloque sólo son accesibles desde dentro del bloque. Se dice que son locales al bloque.

Los bloques pueden ser anidados dentro de otros bloques. En C++, una variable puede ser definida como externa al bloque.

Tal variable es global, en el sentido de que se puede acceder a ella desde cualquier lugar del programa. Las secciones de un programa desde las cuales un nombre dado es accesible son conocidas como su alcance.

Espacios de nombre (namespaces)

Un espacio de nombre es un mecanismo que permite a un grupo de nombres relacionados ser definidos en un lugar. Esto ayuda a organizar objetos globales en grupos naturales y minimiza los problemas de las globales. Por ejemplo, la siguiente secuencia identifica un espacio de nombre, myglobals, que contiene dos variables, cat y dog.

```
namespace myglobals {

int cat;

string dog = "bow wow";

}
```

La Sentencia Using

Si estamos usando repetidamente variables del mismo espacio de nmbre, es posible evitar introducir especificadores de espacio de nombre al decirle al sistema que queremos "usar" un especificador particular. Podemos comunicar este deseo con la sentencia using, la cual hace accesible a algunos o todos los nombres del espacio de nombre, sin brindar explícitamente el especificador. El propósito de esta sentencia es mostrar a los usuarios dos métodos diferentes de listar los nombres en cualquier espacio de nombre.

```
using std::string; // makes just std::string accessible

using std::cout; // makes just std::cout accessible
```

using namespace myglobals; // makes all of myglobals accessible

Expresiones

Una expresión combina variables y literales con operadores para crear nuevos valores.

En la siguiente secuencia, agruparemos operadores de acuerdo a los tipos de objetos a los que pueden aplicarse también. En todo esto usaremos var para denotar una variable o cualquier cosa a la cual se le pueda asignar un valor. (En la jerga oficial de C++, se llama un lvalue.)

Usamos exp para denotar una expresión y type para denotar un tipo.

Selección e Indexación de Miembro

Operadores Aritméticos

Los siguientes son los operadores aritméticos binarios:

exp + exp Adición

exp − exp Sustracción

exp * exp Multiplicación

exp / exp División

exp % exp Módulo (residuo)

También hay operaciones menos unario (-x) y más unario (+x). La división entre dos operandos enteros resulta en un resultado entero por truncación.

Incremento y Decremento de Operadores

El operador post-inrement (post-incremento) regresa el valor de una variable y luego lo incrementa por 1. El operador post-decrement (post-decremento) es análogo, pero disminuye el valor por 1 en su lugar. El operador pre-increment (pre-incremento) primero incrementa la variable, y regresa el valor.

var ++ post increment

var −− post decrement

++ var pre increment

−− var pre decrement

El siguiente segmento de código ilustra los operadores de incremento y decremento.

int a[ ] = {0, 1, 2, 3};

int i = 2;

int j = i++; // j = 2 and now i = 3

int k = −−i; // now i = 2 and k = 2

cout << a[k++]; // a[2] (= 2) is output; now k = 3

Operadores relacionales y Lógicos

C++ brinda los operadores de comparación usuales.

exp < exp Menor que

exp > exp Mayor que

exp <= exp Menor o igual que

exp >= exp Mayor o igual que

exp == exp Igual a

exp != Distinto de

Estos regresan un resultado Booleano: bien sea verdadero o falso. Las comparaciones pueden ser hechas con estos números o caracteres o cadenas de caracteres sin usar estilo C.

Los apuntadores también pueden ser comparados, pero generalmente sólo vale la pena probar si los apuntadores son iguales o no (puesto que sus valores son direcciones de memoria).

Los siguientes operadores lógicos son dados también.

! exp logical not

exp && exp logical and

exp | | exp logical or

Operadores Bitwise

Estos operadores actúan sobre las representaciones de números como cadenas de caracteres binarias.

Pueden ser aplicados a cualquier tipo entero, y el resultado es un tipo entero.

~ exp bitwise complement

exp & exp bitwise and

exp ^ exp bitwise exclusive-or

exp | exp bitwise or

exp1 << exp2 shift exp1 left by exp2 bits

exp1 >> exp2 shift exp1 right by exp2 bits

Operadores de asignación

Además del operador de asignación familiar (=), C++ incluye una forma especial para cada uno de los operadores aritméticos binarios (+,-,*,/,%) y cada uno de los operadores binarios bitwise (&, |, ^, <<, >>), que combina una operación binaria con una asignación. Por ejemplo, la sentencia "n+=2" significa que "n=n+2." Algunos ejemplos se dan a continuación.

int i = 10;

int j = 5;

string s = "yes";

i −= 4; // i = i - 4 = 6

j *= −2; // j = j * (-2) = -10

s += " or no"; // s = s + " or no" = "yes or no"

Flujo de Control

El flujo de control en C++ es similar al de otros lenguajes de alto nivel. En esta sección, revisaremos la estructura básica y la sintaxis del flujo de control en C++, incluyendo los retornos de método, las sentencia s if, las sentencia s switch, bucles, y formas restringidas de "saltos" (las sentencias break y continue).

Sentencia If

Todo lenguaje de programación incluye una manera de tomar decisiones, y C++ no es la excepción. El método más común de tomar decisiones en un programa C++ es a través del uso de una sentencia If. La sintaxis de un sentencia if en C++ se muestra a continuación, en un pequeño ejemplo.

```cpp
if ( condition )

true statement

else if ( condition )

else if statement

else

else statement
```

Aquí hay un ejemplo simple.

```cpp
if ( snowLevel < 2 ) {

goToClass(); // do this if snow level is less than 2

comeHome();

}

else if ( snowLevel < 5 )

haveSnowballFight(); // if level is at least 2 but less than 5

else if ( snowLevel < 10 )
```

goSkiing(); // if level is at least 5 but less than 10

else

stayAtHome(); // if snow level is 10 or more

Sentencia Switch

Una sentencia switch brinda una forma eficiente de distinguir entre muchas opciones diferentes, de acuerdo al valor de un tipo integral. Observa el siguiente ejemplo:

A char command:

cin >> command; // input command character

switch (command) { // switch based on command value

case 'I' : // if (command == 'I')

editInsert();

break;

case 'D' : // else if (command == 'D')

editDelete();

break;

```
case 'R' : // else if (command == 'R')

editReplace();

break;

default : // else

cout << "Unrecognized command\n";

break;

}
```

Bucles While y Do-While

C++ tiene dos tipos de bucles condicionales para iterar sobre un conjunto de sentencias, siempre que alguna condición especificada aguarde. Estos dos bucles son los estándar, **el bucle while y el bucle do-while.** Un bucle prueba una condición booleana antes de realizar una iteración en el cuerpo del bucle, y el otro prueba un condición luego del hecho. Consideremos el bucle while primero.

while (condition)

loop body statement

```
int a[100];

//...

int i = 0;

int sum = 0;

while (i < 100 && a[i] >= 0) {

sum += a[i++];

}
```

Bucle For

Muchos bucles involucran tres elementos comunes: una inicialización, una condición bajo la cual continuar la ejecución, y un incremento para ser realizado luego de cada ejecución del cuerpo del bucle. Un bucle for convenientemente encapsula estos tres elementos.

```
for ( initialization ; condition ; increment )
loop body statement
```

```
const int NUM ELEMENTS = 100;

double b[NUM ELEMENTS];

//...

for (int i = 0; i < NUM ELEMENTS; i++) {

if (b[i] > 0)

cout << b[i] << '\n';

}
```

Sentencias Break y Continue

C++ brinda sentencias para cambiar el flujo de control, incluyendo las sentencias break, continue y return.

```
int a[100];

//...
```

```
int sum = 0;

for (int i = 0; i < 100; i++) {

if (a[i] < 0) break;

sum += a[i];

}
```

Funciones

Una función es un trozo de código que puede ser llamado para llevar a cabo una tarea bien definida, tal como calcular el área de un rectángulo, calcular el impuesto anticipado semanalmente para un empleado de compañía, u ordenar un lista de nombres en orden creciente. Para definir una función, tenemos que darle al compilador la siguiente información:

Tipo de Retorno. Esto especifica el tipo de valor u objeto que es regresado por la función. Por ejemplo, una función que calcula el área de un rectángulo podría regresar un valor de tipo doble. Una función no tiene que regresar un valor.

Por ejemplo, puede simplemente producir una salida o modificar alguna estructura de datos.

Nombre de Función. Esto indica el nombre dado a la función. Idealmente, deberías nombrar a una función de tal manera que el usuario entienda lo que hace la función.

Lista de Argumento. Esto sirve como una lista de marcadores para los valores que serán pasados a la función. Los valores reales serán brindados cuando la función sea invocada. Por ejemplo, una función que calcula el área de un polígono podría tomar cuatro argumentos dobles: las coordenadas x- e y- de la esquina inferior izquierda del rectángulo y las coordenadas x- e y- de la esquina superior izquierda del rectángulo. Como puedes ver, la lista de parámetros contiene muchas variables que pueden ser separadas usando una coma en los corchetes, dónde cada entrada consiste del nombre del argumento y su tipo. Un función puede tener cualquier cantidad de argumentos, y la lista de argumentos puede estar vacía incluso.

Cuerpo de la Función. Esta es una colección de sentencias de C++ que definen los cómputos reales a ser realizados por la función. Este va entre llaves. Si la función retorna un valor, el cuerpo típicamente terminará con una sentencia return, que especifica el valor final de la función.

```
bool evenSum(int a[ ], int n); // function declaration

bool evenSum(int a[ ], int n) { // function definition

int sum = 0;

for (int i = 0; i < n; i++) // sum the array elements

sum += a[i];

return (sum % 2) == 0; // returns true if sum is even

}
```

Overloading e Inlining

Esta definición implementa el concepto de código. **Muchas funciones pueden ser nombradas overloading, pero todas hacen cosas diferentes.**

La función overloading ocurre cuando dos o más funciones son definidas con el mismo nombre, pero diferentes listas de argumentos. Tales definiciones son útiles en situaciones dónde necesitamos dos funciones que tengan esencialmente el mismo propósito, pero que lo logren con diferentes tipos de argumentos.

```cpp
void print(int x) // print an integer

{ cout << x; }

void print(const Passenger& pass) { // print a Passenger

cout << pass.name << " " << pass.mealPref;

if (pass.isFreqFlyer)

cout << " " << pass.freqFlyerNo;

}
```

Operador Overloading

C++ también permite la sobrecarga de operadores, tales como +, *, +=, y <<. Naturalmente, tal definición es referida como operador overloading. Suponte que te gustaría escribir una prueba de igualdad para dos objetos pasajeros. Podemos denotar esto de una manera natural al sobrecargar el operador ==, como se muestra a continuación.

```cpp
bool operator==(const Passenger& x, const Passenger& y) {

return x.name == y.name

&& x.mealPref == y.mealPref

&& x.isFreqFlyer == y.isFreqFlyer

&& x.freqFlyerNo == y.freqFlyerNo;

}
```

Funciones In-line

Las funciones muy cortas pueden definirse como "inline". Esto es una nota para el compilador, diciendo que simplemente debería expandir el código de la función en un lugar, más allá de usar el mecanismo de llamada del sistema. Por regla general, las funciones in-line son muy cortas (en la mayoría de los casos de unas pocas líneas) y no deberían involucrar ningún bucle o condición. Aquí hay un ejemplo simple, que regresa el mínimo de dos enteros.

```
inline int min(int x, int y) { return (x < y ? x : y); }
```

Clases

El concepto de una clase es fundamental para c ++ puesto que brinda una manera de definir nuevos tipos definidos por el usuario, completar con funciones asociadas y operadores. Al restringir el acceso a ciertos miembros de una clase dada, es posible entender las propiedades que son esenciales para un uso correcto de la clase, basado en los detalles necesitados para la implementación.

Las clases son fundamentales para métodos de programación que usan una aproximación orientada a objetos.

```
class Counter { // a simple counter

public:

Counter(); // initialization

int getCount(); // get the current count

void increaseBy(int x); // add x to the count
```

```
private:

int count; // the counter's value

};

Counter::Counter() // constructor

{ count = 0; }

int Counter::getCount() // get current count

{ return count; }

void Counter::increaseBy(int x) // add x to the count

{ count += x; }
```

Control de Acceso

Una importante característica de las clases es la noción de control de acceso. Los miembros pueden ser declarados públicos, lo que significa que son accesibles desde fuera de la clase, o privados, lo que significa que sólo son accesibles desde dentro de la clase.

(Discutiremos dos excepciones a esto después: el acceso protegido y las funciones amigas.) en el ejemplo anterior, no pudimos acceder directamente el miembro privado desde afuera de la definición de clase.

Counter ctr; // ctr is an instance of Counter

//...

cout << ctr.count << endl; // ILLEGAL - count is private

Constructores y Destructores

Constructores

El nombre de una función de un miembro constructor es el mismo del de la clase, y no tiene un tipo de retorno. Debido a que los objetos pueden ser inicializados de maneras distintas, es natural definir constructores y confiar en la sobrecarga de función para determinar cuál será llamado.

class Passenger {

private:

//...

public:

Passenger(); // default constructor

```
Passenger(const string& nm, MealType mp, const string&
ffn = "NONE");

Passenger(const Passenger& pass); // copy constructor

//...

};
```

Destructores

Un constructor se llama cuando un objeto de clase llega la existencia. Un destructor es un miembro de función que es automáticamente llamado cuando un objeto de clase deja de existir.

Si un objeto de clase viene a la existencia dinámicamente, usando el operador new (nuevo), el destructor será llamado cuando este objeto sea destruido usando el operador delete (borrar).

```
class Vect { // a vector class
public:
```

```cpp
Vect(int n); // constructor, given size

~Vect(); // destructor

//... other public members omitted

private:

int* data; // an array holding the vector

int size; // number of array entries

};

Vect::Vect(int n) { // constructor

size = n;

data = new int[n]; // allocate array

}

Vect::~Vect() { // destructor

delete [] data; // free the allocated array

}
```

Asignación de Clases y Memoria

Cuando una clase realiza asignación de memoria usando el operador new, se debe tener cuidado para evitar una cantidad de errores de programación comunes. Anteriormente, mostramos que la falla de almacenamiento, al reasignar el destructor de una clase, causa que la salida esté en la memoria. Un problema algo más insidioso ocurre cuando las clases que asignan memoria no brindan un constructor copiado o un operador de asignación. Considera el siguiente ejemplo, usando nuestra clase Vect.

Vect a(100); // a is a vector of size 100

Vect b = a; // initialize b from a (DANGER!)

Vect c; // c is a vector (default size 10)

c = a; // assign a to c (DANGER!)

La declaración de un objeto invoca el vector constructor, el cual asigna un arreglo de 100 enteros y puntos a.data a este arreglo. La declaración "Vect=a" inicializa b desde a. en este ejemplo, no brindamos otro constructor en la variable Vect, de modo que el software usará el constructor por defecto, el cual copiará cada miembro de "a" a "b". en particular, fija

Nota que esto no copia el contenido del arreglo; en su lugar, copia el apuntador al elemento inicial del arreglo. Esta acción por defecto es llamada a veces una copia superficial.

La declaración de c invoca al constructor con un valor de argumento por defecto de 10, y como tal asigna un arreglo de 10 elementos en el espacio libre. Debido a que no hemos brindado un operador asignación, la sentencia "c=a" también ejecuta una copia superficial de a para c. Sólo los apuntadores son copiados, no el contenido del arreglo. Aún peor, hemos perdido el apuntador hacia el arreglo c original de 10 elementos creando por lo tanto una fuga de memoria.

Ahora, a, b y c todos tienen miembros que apuntan al mismo arreglo en el almacenamiento libre. Si el contenido de los arreglos de uno de los tres quisiera ser cambiado, los otros dos cambiarían misteriosamente también. Aún peor, si uno de los tres fuese borrado antes que los otros (por ejemplo, si esta variable fuese declarada en un bloque anidado), el destructor borraría el arreglo compartido.

Cuando alguno de los otros dos intenta acceder al arreglo borrado, el resultado será catastrófico. En otras palabras, habrán muchos problemas en este tipo de situación.

Afortunadamente, hay una solución sencilla para todos estos problemas. Los problemas surgieron porque asignamos memoria y usamos el constructor copia por defecto del sistema y el operador asignación. Si una clase asigna memoria, deberías brindar un constructor copia y un operador asignación para asignar nueva memoria para hacer copias nuevas. Un constructor copia para una clase, T, es típicamente declarado para tomar un solo argumento, el cual es una referencia constante a un objeto de la misma clase- es decir, T(const T&t).

Como puedes ver en el siguiente ejemplo, copiará todos los miembros de los datos de una clase a otra mientras asigna memoria para cualquier miembro dinámico.

Vect::Vect(const Vect& a) { // copy constructor from a

size = a.size; // copy sizes

data = new int[size]; // allocate new array

```
for (int i = 0; i < size; i++) { // copy the vector contents

data[i] = a.data[i];

}

}
```

El operador de asignación es manejado al sobrecargar el operador =, como se muestra en el siguiente segmento de código. El argumento "a" juega el rol de un objeto del lado derecho del operador asignación. El operador asignación borra el almacenamiento de matriz existente, asigna un nuevo arreglo del tamaño adecuado, y copia elementos en esta nueva matriz. La sentencia if verifica contra la posibilidad de auto-asignación.

(A veces, esto ocurre cuando diferentes variables referencian al mismo objeto.)

Realizamos esta revisión al usar la palabra clave "this". Para cualquier instancia de un objeto de clase, "this" es definida para ser la dirección de esta instancia. Si es igual a la dirección de a, entonces es un caso de auto-asignación, e ignoramos la operación. De lo contrario, desasignamos la matriz existente, asignamos una nueva matriz, y copiamos el contenido de nuevo.

```cpp
Vect& Vect::operator=(const Vect& a) { // assignment operator from a

if (this != &a) { // avoid self-assignment

delete [ ] data; // delete old array

size = a.size; // set new size

data = new int[size]; // allocate new array

for (int i=0; i < size; i++) { // copy the vector contents

data[i] = a.data[i];

}

}

return *this;

}
```

Amigos de Clase y Miembros de Clase

Estas estructuras de dato complicadas interactuarán con muchas clases diferentes.

En este caso, los problemas respecto a la coordinación de las tareas de estas clases para permitir el intercambio de información a menudo se desarrollan. Discutiremos algunos de estos problemas en esta sección.

Anteriormente dijimos que los miembros privados de una clase sólo pueden ser accedidos desde dentro de la clase, pero aquí hay una excepción. Más específicamente, podemos declarar que una función sea una amiga, lo que significa que puede acceder a los datos privado de la clase.

Hay una cantidad de razones para definir funciones amigas. Una de ellas es que los requerimientos de sintaxis podrían prohibirte definir una función miembro. Por ejemplo, considera una clase, SomecClass. Asume que queremos definir un operador salida sobrecargado para esta clase, y que este operador salida tiene que acceder a datos de miembro privado. La clase declara que el operador salida es un amigo de la clase como se muestra a continuación.

```cpp
class SomeClass {

private:

int secret;

public:

//... // give << operator access to secret

friend ostream& operator<<(ostream& out, const
SomeClass& x);

};

ostream& operator<<(ostream& out, const SomeClass& x)

{ cout << x.secret; }
```

Preguntas

1. Escribe un algoritmo explicando una función para encontrar los números más pequeños y más grandes en una matriz de enteros, y compárala a una función de C++ que haría lo mismo.

2. ¿Cuáles son los contenidos de la cadena de caracteres s luego de que las siguientes sentencias han sido ejecutadas?string s = "abc";

string t = "cde";

s += s + t[1] + s;

3. Escribe una función corta de C++ que tome un entero n, y regrese la suma de todos los enteros menores que n.

4. Implementa una clase la cual tenga tres variables de cadena de caracteres, int, y float, que representarán el nombre de cualquier cosa, tales como nombres de flores, sus números de pétalos, y sus precios. Tu clase debe incluir un método constructor que inicialice cada variable a un valor apropiado, y tu clase debería incluir funciones para fijar el valor de cada tipo de variable y obtener el valor de cada tipo.

Capítulo 2

Introducción al Diseño Orientado a Objeto

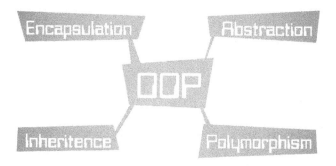

Abstracción

La noción de abstracción es aquella de destilar un sistema complicado hasta sus componentes más fundamentales y describir estas partes en un lenguaje preciso y sencillo. Típicamente, describir las partes de un sistema implica nombrarlas y explicar su funcionalidad. Aplicar el concepto de abstracción al diseño de estructuras de datos da lugar a tipos de datos abstractos.

Encapsulación

Otro importante principio del diseño orientado a objeto es el concepto de encapsulación, el cual afirma que los diferentes componentes de un sistema de software no deberían revelar los detalles internos de sus implementaciones respectivas. Una de las principales ventajas de la encapsulación es que le da al programador la libertad al implementar detalles de un sistema. La única restricción para el programador es mantener la interfaz abstracta que los outsiders ven.

Modularidad

Además de la abstracción y la encapsulación, un principio fundamental del diseño orientado a objeto es la modularidad. Los sistemas de software modernos típicamente consisten de varios componentes distintos que deben interactuar apropiadamente para que el sistema entero funcione apropiadamente. Mantener estas interacciones funcionando correctamente requiere que estos componentes diferentes estén bien organizados. En el diseño orientado a objeto, este enfoque de estructuración de código se centra en el concepto de modularidad. La modularidad se refiere a un principio organizador para el código, en el cual los diferentes componentes de un sistema de software son divididos en unidades funcionales separadas

Herencia y Polimorfismo

Herencia en C++

El paradigma orientado a objeto brinda una estructura organizacional modular y jerárquica para reusar el código mediante una técnica llamada herencia. Esta técnica permite el diseño de clases genéricas que pueden ser especializadas en clases particulares, con las clases especializadas reusando el código a partir de las clases genéricas. Por ejemplo, suponga que estábamos diseñando un conjunto de clases para representar a las personas en una universidad. Podríamos tener una clase genérica "Persona", la cual define elementos comunes a todas las personas.

Podríamos definir entonces clases especializadas tales como Estudiante, Administrador, e Instructor, cada una de las cuales brinda información específica acerca de un tipo particular de Persona.

Una clase genérica también es conocida como una clase base, clase parental, o súper clase.

Define miembros "genéricos" que aplican en una multitud de situaciones. Cualquier clase que especializa o extiende una clase base no tiene que dar implementaciones nuevas para las funciones generales, puesto que las hereda. Debería sólo definir aquellas funciones que están especializadas para esta clase particular. Tal clase es llamada una clase derivada, clase hija, o subclase.

Vamos a usar un ejemplo para ilustrar estos conceptos. Suponga que estamos escribiendo un programa para trabajar con las personas en una universidad. A continuación, mostraremos una implementación parcial de una clase genérica para una persona. Usamos "//..." para indicar el código que es irrelevante para este ejemplo y el cual, como tal, ha sido omitido.

```cpp
class Person { // Person (base class)

private:

string name; // name

string idNum; // university ID number

public:

//...

void print(); // print information

string getName(); // retrieve name

};

class Student : public Person { // Student (derived from
Person)

private:

string major; // major subject

int gradYear; // graduation year

public:

//...
```

void print(); // print information

void changeMajor(const string& newMajor); // change major

};

Funciones Miembro

Un objeto perteneciente al tipo Person puede acceder a los miembros públicos de Person (Person). Un objeto de tipo EsStudent puede acceder a los miembros públicos de ambas clases. Si un objeto de Student invoca la función print compartida, usará su propia versión por defecto. Usamos el operador alcance de clase (class scope) (::) para especificar cuál función de clase se usa, como en Person::print y Student::print. Nota que un objeto de tipo Person no puede acceder a los miembros del tipo base, y por lo tanto es imposible para un objeto de Person invocar la función changeMajor de la clase Student.

```cpp
Person person("Mary", "12-345"); // declare a Person

Student student("Bob", "98-764", "Math", 2012); // declare
a Student

cout << student.getName() << endl; // invokes
Person::getName()

person.print(); // invokes Person::print()

student.print(); // invokes Student::print()

person.changeMajor("Physics"); // ERROR!

student.changeMajor("English"); // okay
```

Miembros Protegidos

Incluso si la clase Student es heredada de la clase persona, las funciones miembro de Student no tienen acceso a miembros privados de Person. Por ejemplo, la siguiente secuencia sería ilegal.

```
void Student::printName() {

cout << name << '\n'; // ERROR! name is private to
Person

}
```

Polimorfismo

"Polimorfismo" literalmente significa "muchas formas." En
el contexto del diseño orientado a objetos se refiere a la
habilidad de una variable para tomar diferentes tipos. El
polimorfismo es aplicado típicamente en C++ usando
variables apuntadoras. En particular, si una variable p, se
declara como un apuntador a alguna clase IS, esto implica
que p puede apuntar a cualquier objeto perteneciente a
cualquier clase derivada T de S.

Interfaces y Clases Abstractas

Para que dos objetos interactúen, deben "saber" acerca de las
funciones miembros de cada uno. Para afianzar este
"conocimiento", el paradigma del diseño orientado a objetos

pide que las clases especifiquen la Interfaz de Programación de Aplicaciones (API por sus siglas en inglés), o interfaz, que sus objetos presentan a otros objetos. En el enfoque basado en ADT:

class Stack { // informal interface – not a class

public:

bool isEmpty() const; // is the stack empty?

void push(int x); // push x onto the stack

int pop(); // pop the stack and return result

};

Templates (Plantillas)

Consideremos la siguiente función, que regresa el mínimo de dos enteros.

```
int integerMin(int a, int b) // returns the minimum of a and
b

{ return (a < b ? a : b); }
```

Este tipo de función es muy útil, de modo que podríamos
querer definir una función similar para calcular el mínimo de
dos variables de otros tipos, tales como largas, cortas,
flotantes y dobles. Cada una de tales funciones requeriría una
declaración y definición distintas, sin embargo, y hacer
muchas copias de la misma función es una solución a prueba
de tontos, especialmente para funciones más largas.

C++ brinda un mecanismo automático, llamado la plantilla
de función, para producir una función genérica de un tipo
arbitrario T. Una plantilla de función brinda un patrón bien
definido, a partir del cual una función concreta puede luego
ser formalmente definida o representada. El ejemplo a
continuación define una plantilla de función genericMin.

```
template <typename T>
```

```
T genericMin(T a, T b) { // returns the minimum of a and b

return (a < b ? a : b);

}
```

La declaración toma la forma de la palabra clave "template," seguida por la notación <typename T>, la cual es la lista de parámetros para la plantilla, sólo un parámetro T. la palabra clave "typename" seguida de la notación indica que T es el nombre de algún tipo. (Las versiones más viejas de C++ no soportan esta palabra clave y la palabra clave "class" debe ser usada en su lugar.) podemos tener otros tipos de parámetros de plantilla- enteros, por ejemplo- pero los tipos names (nombres) son los más comunes. Nota que el tipo de parámetro T toma el lugar de "int" en la definición original de la función genericMin.

Podemos ahora invocar nuestra función plantilla para calcular el mínimo de objetos de varios tipos. El compilador revisa los tipos de argumentos y determina cual forma de la función debe ser representada.

```
cout << genericMin(3, 4) << ' '  // = genericMin<int>(3,4)
```

```
<< genericMin(1.1, 3.1) << ' '  // =
genericMin<double>(1.1, 3.1)
```

```
<< genericMin('t', 'g') << endl;  // =
genericMin<char>('t','g')
```

Excepciones

Las excepciones son eventos inesperados que ocurren durante la ejecución de un programa. Una excepción puede ser el resultado de una condición de error o simplemente una entrada no anticipada.

En C++, se puede pensar en las excepciones como si fuesen objetos en sí.

En C++, una excepción es "lanzada" por un código que encuentra una condición imprevista. Las excepciones también pueden ser lanzadas por el sistema de tiempo de ejecución, debería encontrar una condición inesperada como la posibilidad de que se quede sin memoria. Una excepción lanzada es "capturada" por otro código que "maneja" la excepción de alguna manera, o el programa es terminado de forma inesperada.

```cpp
class MathException { // generic math exception
public:
MathException(const string& err) // constructor
: errMsg(err) { }
string getError() { return errMsg; } // access error message
private:
string errMsg; // error message
};
try {
//... application computations
if (divisor == 0) // attempt to divide by 0?
throw ZeroDivide("Divide by zero in Module X");
}
```

```cpp
catch (ZeroDivide& zde) {

// handle division by zero

}

catch (MathException& me) {

// handle any math exception other than division by zero

}
```

Preguntas

1. Explain Explica algunas de las desventajas potenciales de los árboles de herencia—es decir, un gran conjunto de clases, A, B, C y así sucesivamente, tal que B extiende a A, C extiende a B, D extiende a C, etc.— con respecto a la eficiencia.

2. Describe las desventajas de los árboles de herencia superficial, lo cual se refiere a un gran conjunto de clases A, B, C y así sucesivamente, tal que todas estas clases se extienden a una sola clase Z.

3. Escribe un diagrama de clase para las siguientes clases.
   1. Clase Goat, hereda un Objeto y añade una variable miembro, cola, y las funciones milk y jump.
   2. Clase Pig, extiende Objetos y añade una variable miembro nariz y las Funciones eat y wallow.

3. Clase Horse, extiende Objetos y añade las variables miembro altura y color, y las Funciones run y jump.

4. Otra clase llamada Racer hereda Horse y añade una Función, race.

5. La clase Equestrian extiende a Horse y añade la variable miembro peso y las funciones trot e isTrained

Capítulo 3

Desarrollando Programas de Computadora Eficientes

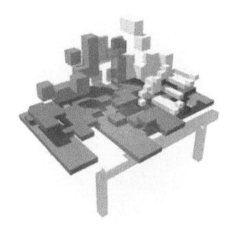

Matrices

Ahora diseñaremos una clase, llamada Scores, para guardar información acerca de los puntajes de nuestros juegos. Guardamos los puntajes más altos en una matriz, llamada entries. El número máximo de puntajes puede variar de ocasión en ocasión, de modo que crearemos una variable miembro, maxEntries, que guarda el máximo deseado. Su valor es especificado cuando un objeto de Scores es construido primero. Para seguir el rastro del número real de entradas, definimos una variable miembro, numEntries.

Es inicializada a cero, y será actualizada mientras las entradas son añadidas o removidas. Brindamos un constructor, un destructor, y una función miembro para añadir un nuevo puntaje, y otra para remover un puntaje en un índice dado.

La definición es dada en el Fragmento de Código 3.3.

```
class Scores { // stores game high scores

public:

Scores(int maxEnt = 10); // constructor
```

```cpp
~Scores(); // destructor

void add(const GameEntry& e); // add a game entry

GameEntry remove(int i) // remove the ith entry
  throw(IndexOutOfBounds);

private:

int maxEntries; // maximum number of entries

int numEntries; // actual number of entries

GameEntry* entries; // array of game entries
};
```

Fragmento de Código 3.3: la clase AC++ para guardar puntajes altos de juego.

En el fragmento de Código 3.4 presentamos el constructor de clase, el cual asigna la cantidad deseada de almacenamiento para la matriz usando el operador "new". Recuerda de esta sección que C++ representa una matriz dinámica como un apuntador a su primer elemento, y este comando regresa tal apuntador. El destructor de clase ~Scores borra esta matriz.

```cpp
Scores::Scores(int maxEnt) { // constructor
maxEntries = maxEnt; // save the max size
entries = new GameEntry[maxEntries]; // allocate array storage
numEntries = 0; // initially no elements
}
Scores::~Scores() { // destructor
delete[ ] entries;
}
```

Fragmento de Código 3.4: Clase A C++ GameEntry, representando una entrada de juego.

Las entradas que han sido añadidas a la matriz son almacenadas en índices 0 mediante numEntries-1. Mientras más usuarios jueguen nuestro video juego, objetos adicionales de GameEntry son copiados a la matriz. Esto es logrado usando "add member function" (añadir función miembro), lo cual se describe a continuación. Sólo los puntajes más altos de maEntries son retenidos. También brindamos una función miembro, remove(i), la cual remueve la entrada en el índice i de la matriz. Asumimos que bla bla. Si no, la función remove lanza una excepción IndexOutOfBounds. No definimos esta excepción aquí, pero se deriva de la clase RuntimeException de la última sección.

En nuestro diseño, hemos escogido ordenar los objetos de GameEntry por sus valores de puntaje, de mayor a menor. (En el eercico C-3.2, exploramos un diseño alternativo en el cual las entradas no están ordenadas.) ilustramos un ejemplo de estructura de datos en

Mike	Rob	Paul	Anna	Rose	Jack				
1105	750	720	660	590	510				
0	1	2	3	4	5	6	7	8	9

Inserción

Ahora vamos a considerar cómo añadir un nuevo GameEntry e al arreglo de puntajes altos. En particular, vamos a considerar cómo podríamos realizar la siguiente operación de actualización en una instancia de la clase Scores.

add(e): Inserta la entrada e en la colección de puntajes altos. Si esto causa que el número de entradas exceda el de maxEntries, el valor más pequeño es removido.

.

```cpp
void Scores::add(const GameEntry& e) { // add a game entry

int newScore = e.getScore(); // score to add

if (numEntries == maxEntries) { // the array is full

if (newScore <= entries[maxEntries−1].getScore())

return; // not high enough - ignore

}

else numEntries++; // if not full, one more entry

int i = numEntries−2; // start with the next to last
```

```
while ( i >= 0 && newScore > entries[i].getScore() ) {

entries[i+1] = entries[i]; // shift right if smaller

i--;

} e

ntries[i+1] = e; // put e in the empty spot

}
```

Ordenar una Matriz

AlgoritmoInsertionSort(A):

Entrada: una matriz "A" de n número de elementos

Salida: esta matriz "A" conteniendo los elementos que están organizados en orden no decreciente para i ← 1 hasta n−1

```
{Insert A[i] at its proper location in A[0],A[1],...,A[i−1]}

cur ← A[i]

j ← i−1
```

while j ≥ 0 and A[j] > cur do

A[j + 1] ← A[j]

j ← j−1

A[j + 1] ← cur {cur is now in the right place}

void insertionSort(char* A, int n) { // sort an array of n characters

for (int i = 1; i < n; i++) { // insertion loop

char cur = A[i]; // current character to insert

int j = i − 1; // start at the previous character

while ((j >= 0) && (A[j] > cur)) { // while A[j] is out of order

A[j + 1] = A[j]; // move A[j] right

j−−; // decrement j

}

A[j + 1] = cur; // this is the proper position for cur

}

Listas Enlazadas

Para explicarlo de manera simple, las listas enlazadas son colecciones nodos que juntas forman un orden lineal. Como en el juego de niños "Sigan al Líder", cada nodo guarda un apuntador.

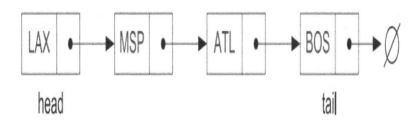

class StringNode { // a node in a list of strings

private:

string elem; // element value

StringNode* next; // next item in the list

friend class StringLinkedList; // provide StringLinkedList access

};

class StringLinkedList { // a linked list of strings

77

```cpp
public:

    StringLinkedList();                    // empty list constructor

    ~StringLinkedList();                   // destructor

    bool empty() const;                    // is list empty?

    const string& front() const;          // get front element

    void addFront(const string& e);       // add to front of list

    void removeFront();                    // remove front item list

private:

    StringNode* head;                      // pointer to the head of the list

};

StringLinkedList::StringLinkedList()      // constructor

    : head(NULL) { }

StringLinkedList::~StringLinkedList()     // destructor

    { while (!empty()) removeFront(); }

bool StringLinkedList::empty() const      // is list empty?

    { return head == NULL; }
```

const string& StringLinkedList::front() const // get front element

{ return head−>elem; }

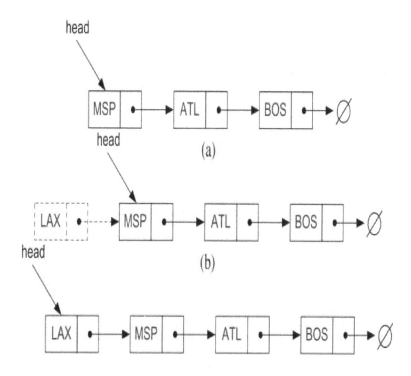

void StringLinkedList::addFront(const string& e) { // add to front of list

StringNode* v = new StringNode; // create new node

v−>elem = e; // store data

v−>next = head; // head now follows v

head = v; // v is now the head

}

Análisis de Algoritmos

En general, cada paso básico en una descripción de pseudo-código o una implementación de lenguaje de alto nivel corresponde a un pequeño número de operaciones primitivas (excepto por llamadas de función, por supuesto). Por ende, podemos realizar un análisis simple de un algoritmo, escrito en pseudo-código- el cual estima el número de operaciones primitivas ejecutadas hasta un factor constante- por pasos de pseudocódigo (pero debemos ser cuidadosos, puesto que en algunos casos un pseudocódigo de una sóla línea puede denotar una cantidad de pasos).

Algorithm arrayMax(A,n):

Input: An array A storing $n \geq 1$ integers.

Output: The maximum element in A.

currMax $\leftarrow$ A[0]

```
for i ← 1 to n−1 do

if currMax < A[i] then

currMax ← A[i]

return currMax
```

La notación "Big-Oh"

Sean $f(n)$ y $g(n)$ funciones mapeando enteros no negativos a números reales. Podemos decir que $f(n)$ es $O(g(n))$ si hay una constante real $c > 0$ y un entero constant $n0 \geq 1$, tales que $f(n) \leq cg(n)$, para $n \geq n0$.

Pilas

El concepto de pilas se asemeja al de una caja de objetos que son insertados y removidos, 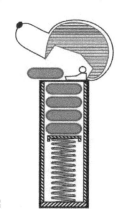 de acuerdo a la regla del último en entrar, primero en salir (LIFO por las siglas en inglés de last-in, first-out).

Las pilas son la estructura de datos más simple de todas, aunque están también entre las más importantes, puesto que se usan en una gran cantidad de diferentes aplicaciones que incluyen estructuras de datos mucho más sofisticadas. Formalmente, una pila es un tipo de dato abstracto (ADT por las siglas en inglés de abstract data type) que soporta las siguientes operaciones:

push(e): Inserta un elemento e en la cima de la pila

pop():Remueve el element en la cima de la pila; un error ocurre si la pila está vacía.

top():Regresa una referencia al elemento de la cima de la pila, sin removerlo; ocurre un error si la pila está vacía.

Además de estás, también definiremos las siguientes funciones:

size():llamar esta función regresará un número de elementos en tu pila

#include <stack>

using std::stack; // hace accesible la pila

stack<int> myStack; // una pila de enteros

size():esta función regresará una cantidad de números de los elementos en la caja "stack".

empty():Usar éste método regresará un "true" (verdadero) si la pila está vacía y "false" (falso) si no lo está.

push(e): Empuja a e a la cima de la pila.

pop():Quita el elemento en la cima de la pila.

top():Regresa una referencia al elemento en la cima de la pila.

template <typename E>

class ArrayStack {

enum { DEF CAPACITY = 100 }; // default stack capacity

public:

ArrayStack(int cap = DEF CAPACITY); // constructor from capacity

int size() const; // number of items in the stack

bool empty() const; // is the stack empty?

```
const E& top() const throw(StackEmpty); // get the top
element

void push(const E& e) throw(StackFull); // push the
element onto stack

void pop() throw(StackEmpty); // pop the stack

//...housekeeping functions omitted

private: // member data

E* S; // array of stack elements

int capacity; // stack capacity

int t; // index of the top of the stack

};
```

Colas

Una cola es una pariente cercana de la pila. Una cola es un contenedor de elementos que son insertados y removidos de acuerdo al principio del primero entrar, primero en salir (FIFO por las siglas en inglés de first-in first-out).

La cola de tipo de datos abstractos (ADT) soporta las siguientes operaciones:

enqueue(e): Inserta un elemento e en la parte trasera de la cola.

dequeue():Remueve un elemento del frente de la cola; ocurre un error si la cola está vacía.

front():Regresa, pero no remueve una referencia al elemento frontal en la cola; ocurre un error si la cola está vacía.

La cola de ADT también incluye las siguientes funciones miembros:

size():Regresa el número de elementos en la cola.

empty():El resultado es verdadero si la cola está vacía, y falso de lo contrario.

Árboles

Un árbol es simplemente un tipo de dato abstracto que guarda muchos elementos jerárquicamente. Con la excepción del elemento de la cima, cada elemento en un árbol tiene un elemento parental y cero o más elementos hijos. Un árbol usualmente es representado visualmente al colocar elementos dentro de óvalos o rectángulos, y al usar líneas rectas para ilustrar las conexiones entre padres e hijos. Típicamente llamamos al elemento de la cima la raíz del árbol, pero es como el elemento más alto, con los otros elementos conectados bajo él (justo al contrario que un árbol botánico).

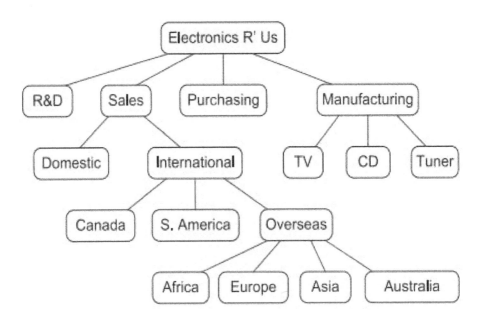

```cpp
template <typename E>        // base element type
class Position<E> {          // position of a node
public:
    E& operator*();          // get element
    Position parent() const; // get parent
    PositionList children() const; // get the children of a node
    bool isRoot() const;     // root node?
    bool isExternal() const; // external node?
};


template <typename E>        // base element type
class Tree<E> {
public:                      // public types
    class Position;          // position of a node
    class PositionList;      // a list of positions
```

public: // public functions

int size() const; // number of nodes

bool empty() const; // is the tree empty?

Position root() const; // get the root

PositionList positions() const; // get positions of all nodes

};

Árboles binarios

Un árbol binario es un árbol ordenado en el cual cada nodo tiene a lo sumo dos hijos.

1. Cada nodo tiene a lo sumo dos hijos.

2. Cada nodo hijo está marcado siendo un hijo izquierdo o hijo de derecho.

3. El hijo izquierdo precede al hijo izquierdo en el ordenamiento de los hijos del nodo.

template <typename E> // base element type

```cpp
class Position<E> { // a node position

public:

E& operator*(); // get element

Position left() const; // get left child

Position right() const; // get right child

Position parent() const; // get parent

bool isRoot() const; // root of tree?

bool isExternal() const; // an external node?

};
```

Tabla de Hash

```cpp
template <typename K, typename V, typename H>

class HashMap {

public: // public types

typedef Entry<const K,V> Entry; // a (key,value) pair

class Iterator; // an iterator/position
```

```cpp
public: // public functions
    HashMap(int capacity = 100); // constructor
    int size() const; // number of entries
    bool empty() const; // is the map empty?
    Iterator find(const K& k); // find entry with a key, k
    Iterator put(const K& k, const V& v); // insert/replace (k,v)
    void erase(const K& k); // remove entry with key k
    void erase(const Iterator& p); // erase entry at p
    Iterator begin(); // iterator to first entry
    Iterator end(); // iterator to end entry
protected: // protected types
    typedef std::list<Entry> Bucket; // a bucket of entries
    typedef std::vector<Bucket> BktArray; // a bucket array
    //...insert HashMap utilities here
private:
    int n; // number of entries
```

H hash; // the hash comparator

BktArray B; // bucket array

public: // public types

//...insert Iterator class declaration here

};

Ordenamiento de Algoritmos

Dividir y Conquistar

El algoritmo de ordenamiento por mezcla se basa en un patrón de diseño llamado "dividir y conquistar"

El patrón dividir y conquistar consiste de los siguientes pasos:

1.Dividir: si el tamaño de la entrada no alcanza un cierto límite (digamos, uno o dos elementos), resuelve el problema directamente con un método directo y regresa la solución que fue obtenida. De lo contrario, divide la entrada de datos en dos o más subconjuntos divididos.

2.Repetir: recursivamente resuelve los sub-problemas asociados con los subconjuntos.

3.Conquistar: Toma las soluciones y los sub-problemas y los "mezcla" en una solución al problema original.

```
template <typename E, typename C> // merge-sort S

void mergeSort(list<E>& S, const C& less) {

typedef typename list<E>::iterator Itor; // sequence of elements

int n = S.size();

if (n <= 1) return; // already sorted

list<E> S1, S2;

Itor p = S.begin();

for (int i = 0; i < n/2; i++) S1.push back(*p++); // copy first half to S1

for (int i = n/2; i < n; i++) S2.push back(*p++); // copy second half to S2
```

```
S.clear(); // clear S's contents

mergeSort(S1, less); // recur on first half

mergeSort(S2, less); // recur on second half

merge(S1, S2, S, less); // merge S1 and S2 into S

}

template <typename E, typename C> // merge utility

void merge(list<E>& S1, list<E>& S2, list<E>& S, const
C& less) {

typedef typename list<E>::iterator Itor; // sequence of
elements

Itor p1 = S1.begin();

Itor p2 = S2.begin();

while(p1 != S1.end() && p2 != S2.end()) { // until either is
empty

if(less(*p1, *p2)) // append smaller to S

S.push back(*p1++);

else
```

```
S.push back(*p2++);

} w

hile(p1 != S1.end()) // copy rest of S1 to S

S.push back(*p1++);

while(p2 != S2.end()) // copy rest of S2 to S

S.push back(*p2++);

}
```

Ordenamiento Rápido

Al igual que el ordenamiento por mezcla, este algoritmo también se basa en el paradigma de dividir y conquistar, pero usa esta técnica de una manera algo contrastante, pues todo el trabajo duro ya ha sido hecho antes de las llamadas recursivas.

1. Dividir: si S tiene al menos dos elementos (no hay nada que hacer si S tiene cero o un elemento), selecciona un elemento específico x de S, el cual es llamado el pivote. Como es común en la práctica, escoge el pivote x para que

sea un elemento en S. Remueve todos los elementos de S y colócalos en tres secuencias:

- L, almacenando los elementos en S menores que x.

- E, para almacenar los elementos en "S"==" x".

- G, almacenando los elementos en S mayores que x.

Por supuesto, si los elementos de S son todos distintos, entonces E guarda sólo un elemento:

1. El pivote mismo.

2. Repetir: Ordena recursivamente las secuencias L y G.

3. Conquistar: coloca los elementos de nuevo en S en orden al insertar primero los elementos de L, luego aquellos de E, y finalmente aquellos de G.

Preguntas

1. ¿Cuál es la mejor manera de multiplicar una cadena de matrices con dimensiones "10x5, 5x2, 2x20 , 20x12, 12x4, y 4x60"? Explica tu respuesta.

2. Desarrolla un algoritmo eficiente para el problema de multiplicación de matrices en cadena, que dé como resultado una expresión totalmente entre paréntesis, para cómo multiplicar las matrices en la cadena usando la mínima cantidad de operaciones..

www.ingramcontent.com/pod-product-compliance
Lightning Source LLC
Chambersburg PA
CBHW070848070326
40690CB00009B/1753